LE GOUVERNEMENT

DE LA

Défense nationale

ET

LE DEPARTEMENT DE L'ISÉRE

(Extrait de l'Enquête parlementaire.)

GRENOBLE,

Librairie Maisonville et fils, Grand'Rue, 23.

—

1875

LE GOUVERNEMENT

DE LA

Défense nationale

ET

LE DEPARTEMENT DE L'ISÈRE.

Dépêches télégraphiques officielles

(Extrait de l'Enquête parlementaire.)

GRENOBLE,

Imprimerie Maisonville et fils, rue du Quai, 8.

—

1875

DEPECHES TELEGRAPHIQUES

Officielles

Grenoble, 4 septembre 1870, 9 h. 16 soir.

N° 40,752 P.

Commission départementale provisoire au gouvernement provisoire, Paris.

Adhésion de la démocratie dauphinoise ; la France, maîtresse d'elle-même, ne refusera rien ; elle est prête à tout pour chasser l'étranger et maintenir la République sans tomber dans les faiblesses de 1848.

Avons nommé une commission départementale provisoire. Veuillez ratifier.

Pour la commission : VOGELI, Aristide
REY, Edouard REY, ANTHOARD, ancien
maire de 48 ; DANTARD, etc.

—

Grenoble, 5 sept. 1870, 8 h. 20 so'r.
N° 1,397.

Au ministre de l'intérieur, Paris.

La commission départementale de l'Isère,
provisoirement instituée par le peuple, à Grenoble, notifie son installation au citoyen ministre de l'intérieur et attend ses communications.
Salut et fraternité.

Les secrétaires : DUPOUX et VOGELI.
A expédier à Paris. DUPOUX.

—

Grenoble, 6 sept. 1870, 7 h. 30 matin.
N° 1,415.

*Commission administrative départementale
provisoire au citoyen Gambetta, ministre
de l'intérieur, Paris.*

Nouveau gouvernement acclamé à Grenoble
et dans le département. Population a sponta-

nément constitué une commission municipale et une commission administrative départementale provisoires.

Le préfet a remis ses pouvoirs à cette dernière; calme parfait. Opérations de la révision se poursuivent avec régularité et promptitude. Grenoble veut défense énergique. Partout ordre non troublé. Urgence d'envoyer dans l'Isère un préfet de la République

Les membres de la commission administrative départementale provisoire : JULHIET, RECOURA, BOVIER-LAPIERRE, DUPOUX, BRUN.

Pour copie : E. DUPOUX.

—

Grenoble, 6 sept. 1870, 9 h. 15 matin.
N° 1,406.

Général 22ᵉ division à guerre, Paris.

Hier, un comité qui s'est nommé lui même a dissous le conseil municipal et renvoyé le préfet. Le président de ce comité me met en demeure ce matin de lui donner des explications au sujet de cartouches envoyées dans la Savoie.

Je demande des ordres pour ma conduite vis-à-vis de ce comité.

Général comte DE MONET.

—

Grenoble, 6 sept. 1870, 9 h. 45 matin.
N° 1 407.

Procureur général à garde des sceaux,
Paris. — Chiffrée.

Une commission départementale a déposé préfet Vallavieille. L'intention du gouvernement est-elle d'accepter ce fait?

De Gabrielli.

—

Saint-Marcellin, 6 septembre 1870, 6 h. 5 soir.
N° 41,842. P.

Sous-préfet à intérieur, Paris.

Devrais-je, le cas échéant, remettre la direction de l'arrondissement à des citoyens se constituant en commission exécutive?
L'arrondissement est calme.

—

Paris, 7 septembre 1870, 2 h 30 soir.
N° 30,579.

Intérieur à sous-préfet Saint-Marcellin,
Isère.

Référez-en de suite à M. Brillier, préfet, avant de remettre la direction de l'arrondissement à des citoyens se constituant en commission exécutive.

—

Grenoble, 8 septembre 1870, 1 h 50 soir.
N° 1,432.

Membre délégué à intérieur, Paris.

La commission administrative provisoire de l'Isère attend avec la plus grande impatience l'arrivée du préfet Brillès (*sic*). Des renseignements très-sérieux de l'arrondissement de la Tour-du Pin rendent urgente la nomination d'un nouveau sous-préfet républicain, chargé surtout d'étouffer les divisions du parti qui sont nées aux dernières élections législatives.

Pour les membres délégués, E. Dupoux.

—

Paris, 8 septembre 1870, 10 h. 32 soir
N° 31,073. P.

Intérieur aux membres délégués de la commission administrative de l'Isère, Grenoble.

Les préfets ont tous pouvoirs pour nommer les sous-préfets. — S'adresser à ce fonctionnaire.

—

Tour-du-Pin, 9 septembre 1870, 7 h. 5 soir.
N° 43,499. P.

Sous-préfet à intérieur, Paris.

Une commission s'est installée à la sous-préfecture ; dans un moment aussi grave, je ne quitterai mon poste qu'après avoir été révoqué par vous.

Grenoble, 10 septembre 1870, 6 h. 50 soir.
N° 44,047. P.

Marion, commissaire du gouvernement en mission, à intérieur, Paris.

Un régiment de 3,600 mobiles est prêt; il est urgent de le mettre en marche. D'accord avec les autorités, je demande un ordre télégraphique de la Guerre pour l'envoyer au camp de Sathonay; trois jours après ce départ, un second régiment de 3,600 sera à votre disposition.

———

Paris, 11 septembre 1870, 8 h. 5 matin.
N° 31,761. P.

Intérieur à Brun, bureau télégraphique de Voiron, Isère.

Partez aujourd'hui; affaire de service.
Le chef du cabinet, LISSAGARAY.

———

Grenoble, 13 septembre 1870, 12 h. 10 soir.
N° 1,512.

Commissaire de la Défense nationale à intérieur, Paris.

Hier soir un grand nombre de citoyens de Grenoble sont venus me demander le remplacement d'officiers de la mobile qui auraient insulté la République. D'accord avec le préfet, je vous demande des pouvoirs suffisants pour que justice soit faite dans l'intérêt de l'ordre public.   MARION.

Vu : BRILLIER.

—

Grenoble, 14 septembre 1870, 5 h. 45 soir.
N° 1,533.

Préfet à intérieur, Paris.

Faut-il attendre les intructions relatives aux élections de la Constituante? Faut-il exécuter la loi actuelle? Réponse très-urgente.

BRILLIER.

—

Paris, 13 septembre 1870, 9 h. 5 matin.
P.

Intérieur à préfet Isère, Grenoble.

Il faudra attendre de nouvelles instructions pour procéder à l'élection de la Constituante.

—

Grenoble (sans date), vers le 16 sept., 2 h. 4 soir.
N° 1,583.

Commissaire Défense nationale à Laurier, représentant du ministre de l'intérieur, Tours.

Le comité provisoire de l'arrondissement et

moi demandons pour sous-préfet de la Tour-du-Pin, M. Patricot, sous-préfet de Gaillac (Tarn).   MARION.

—

Grenoble, 17 septembre 1870, 9 h.
N° 1,617.

Préfet à guerre, Tours. — Chiffrée.

Je reçois à l'instant du sous-préfet de Vienne une dépêche ainsi conçue :
« Ordre menacé par francs-tireurs. Envoyez commissaire. Urgent. »
Les conséquences d'une mutinerie pourraient être très-graves à cause de proximité de Lyon. Veuillez, M. le ministre, ordonner d'urgence le départ de la compagnie Bertranche. Il sera ensuite facile de la verser dans un autre corps Il y a urgence extrême.

BRILLIER.

—

Paris, 18 septembre 1870, 12 h. 8 matin.
N° 33,852. P.

Intérieur à directeur artillerie, Grenoble.

Vous connaissez la décision du ministre de la guerre mettant à ma disposition tous les fusils des modèles antérieurs au fusil modèle 1866.

Si vous en avez, veuillez en prévenir télé-
graphiquement le préfet du Rhône et les
mettre à sa disposition. Répondez-moi par
télégraphe.

—

Grenoble, 20 septembre 1870, 4 h. 25 soir.

N° 1.675.

Préfet à intérieur, Tours.

On insiste pour que j'accepte la candidature
aux élections du 2 octobre.

Le *Journal officiel* du 16 exige que je donne
ma démission six jours avant les élections ;
celui du 17 exige dix jours. Lequel faut-il
croire ? Pour éviter toute surprise, j'ai l'hon-
neur, monsieur le ministre, de vous prier de
vouloir bien accepter ma démission et me
relever de mes fonctions dès vendredi, 23 de ce
mois.

Veuillez agréer, monsieur le ministre, l'ex-
pression de mon profond respect.

BRILLIER.

—

Tours, 21 septembre 1870, 11 h. 10 matin.

N° 2,378

Délégué intérieur à préfet, Grenoble.

Votre démission est acceptée ; intérim confié
à votre secrétaire général ou désignez-moi un
administrateur provisoire. Continuez votre
concours.

LAURIER.

Grenoble, 21 sept 1870, 11 h. 30 matin (1)

Nº 1,694.

Général division à guerre, Tours.

Vu l'état de ma santé qui est déplorable, je prie le ministre de vouloir bien agréer immédiatement ma démission du commandement de la 22ᵉ division militaire.

Je désire me retirer le plus tôt possible dans mes foyers à Toulouse.

Général de MONET.

---

(1) Cette dépêche et la suivante portent des dates *en partie* fausses Voici comment : la première, nº 1,694, fut arrachée le 21 septembre dans la nu t, vers 10 heures du soir, au général de Monet, que la foule ameutée tenait enveloppé sur la place publique, l'injuriant et le menaçant de mort. La date du jour est donc vraie, mais la date de l'heure, 11 h. 30 du matin, ne se rapporte pas au même jour. Elle indique que la dépêche ne fut expédiée que le 22 septembre, treize heures après avoir été écrite. La seconde, écrite à la préfecture le 21 après l'émeute, fort tard par conséquent, a été expédiée à 12 h. 40 du matin, c'est-à-dire à minuit 40, le 22.

On voit donc que toutes les deux, quoique datées du 21 septembre, sont parties le 22 et que la première écrite n'a été expédiée que la seconde.

Note du Rapport.

Grenoble, 21 septembre 1870, 12 h. 40 matin.
N° 1,695.

Préfet à délégué gouvernement, Tours, et à intérieur, Paris

Général de Monet vient d'adresser sa démission au ministre de la guerre; nécessité de l'accepter. Population entière l'a demandée. Demande en outre la destitution du commandant de place, colonel de Cassagne, qui a fait charger la foule. Plusieurs citoyens légèrement blessés. Remplacer immédiatement l'un et l'autre.   Pour le préfet, BRUN.

—

Tours, 21 septembre 1870, 6 h. 45 soir.
N° 2,387.

Guerre à préfet, Grenoble.

Intendant militaire de la 22ᵉ division a eu raison de refuser de remplir les engagements pécuniaires des francs-tireurs de l'Isère, attendu que les corps francs ne sont plus dans les attributions du ministre de la guerre.

—

Lyon, 22 septembre, 1870, 8 h. 12 matin.
N° 1,697.

Général commandant artillerie à guerre, Tours.

Le général de division ayant été cette nuit mis en demeure de résilier ses pouvoirs, le

plus ancien général de brigade commandant
l'artillerie demande des ordres.　　E. LION.

—

Tours, 22 septembre 1870, 12 h. 40 soir.
Nº 2,696.

Guerre à général de Monet, Grenoble.

Remettez au général Lion le commandement
provisoire de la 22ᵉ division militaire.

—

Grenoble, 22 septembre 1870, 8 h. soir.
Nº 1,711.

*Commissaire de la défense nationale de
l'Isère à délégué intérieur, Tours.*

Vu les événements de la nuit dernière, d'accord avec l'administrateur provisoire, je suis à
votre disposition. Grenoble est tranquille.
　　　　MARION.

Vu : L'administrateur provisoire du département, JULHIET.

—

Grenoble, 23 septembre 1870, 10 h. 30 matin.
Nº 1,723.

*Administrateur provisoire Isère à intérieur,
Tours.*

Vous m'avisez nomination comme sous-préfet à la Tour-du-Pin, de Patricot.

Le préfet Brillier avait nommé à ce poste, sans doute sans avoir eu le temps de vous en donner avis. Maintenir nomination, s'il est possible, de M. Dupoux, avocat à Grenoble Si impossible, il pourrait être nommé à Saint-Marcellin libre.   JULHIET.

—

Tours, 23 septembre 1870, 5 h. 35 soir.
No 3,473.

Intérieur à préfet, Grenoble.

M. Patricot demandé par M. Marion.
Si nécessité, enverrai à Saint-Marcellin. Prévenez M. Marion.

—

Grenoble, 24 septembre 1870, 4 h. 15 soir.
No 1,760.

Docteur Frappat à intérieur, Tours.

Les départements ont besoin d'être stimulés. Ordonnez aux préfets de délivrer les armes disponibles ; autorisez-les à en faire fabriquer le plus possible Les citoyens afflueront, et la France aura dans quelques jours des armées capables d'exterminer les Prussiens. Doivent être rappelés immédiatement sous les drapeaux tous les anciens soldats jusqu'à l'âge de 43 ans. Accordez aux veuves et aux enfants de ces derniers des pensions en proportion des services rendus. La France sortira victorieuse. Vive la République !

Docteur FRAPPAT (Hôtel Monet) (1).

—

Grenoble, 27 septembre 1870, 10 h. 20 matin.
N° 1,807.

Administrateur provisoire à intérieur, Tours.

Approuver mon arrêté de ce jour qui compose une commission départementale provisoire en remplacement du conseil général pour disposer des fonds départementaux.

Je la compose de trente-deux membres pris dans tout le département.

Autre demande : la légation brésilienne est-elle à Tours ? JULHIET.

—

Grenoble, 27 septembre 1870, 5 h 30 soir.
N° 1,823.

Administrateur à intérieur, Tours.

Réponse à ma dépêche de ce matin : donner approbation à mon arrêté de ce jour qui com-

____

(1) Voyez la dépêche du 6 octobre sur ce singulier personnage. *Note du Rapport.*

pose une commission de trente-deux membres départementale provisoire en remplacement du conseil général impossible. JULHIET.

—

Tours, 28 septembre, 1870, 10 h. 21 matin.

N° 4,501.

Au préfet de Grenoble. — Visée.

La Ligue du Midi ne sera point entravée par le gouvernement. Après nombreuses et longues conférences avec Laurier, Glais-Bizoin, Dufraisse, sur les moyens pratiques, espérons avoir demain solution favorable et partir demain à Marseille. CHOULIER.

—

Tours, 29 septembre 1870, 3 h. 40 soir.

N° 4,852.

Intérieur à préfet, Grenoble.

Les démissions en vue de candidature ont ont été réputées non avenues. Vous êtes instamment engagé à reprendre et à garder votre poste.

2

Tours, 29 septembre 1870, 8 h. 42 soir
N° 4,976.

Justice à procureur général, Grenoble.

M. Eymard Duvernay est nommé procureur
général à Chambéry.

—

Grenoble, 30 septembre 1870, 7 h. 26 matin.
N° 1,866.

Préfet à gouvernement, Tours.

Je n'ai nommé ni maires, ni adjoints depuis
la dissolution des conseils municipaux.

Les commissions continuent à fonctionner
jusqu'à nouvelle décision   BRILLIER (1).

Pour l'impôt sur la vigne, le conseil municipal et moi sommes d'avis d'ajourner.
Pour le préfet : A. BRUN (2).

---

(1) Cette partie de la dépêche répond à une circulaire du gouvernement en date du 29 septembre, ainsi
conçue : « Depuis la dissolution des conseils munici-
« paux avez-vous nommé des maires et des adjoints ?
« Répondez immédiatement. Ad. CRÉMIEUX. » *Note
de la rédaction.*

(2) Cette 2e partie de la dépêche répond à une
circulaire du ministre de l'intérieur, datée de Tours

Tours, 30 septembre 1870, 6 h soir.
N° 5,164.

Intérieur à préfet, Grenoble.

M. Marion est nommé commissaire à la défense nationale dans les départements de l'Isère, Hautes-Alpes, Savoie et Haute-Savoie.

—

Grenoble, 4 octobre 1870, 9 h. 20.
N° 5,938.

Commissaire à la défense à directeur général télégraphes, Tours.

Veuillez me donner la franchise télégraphique avec autorités civiles et militaires.

MARION.

—

Grenoble, 5 octobre 1870, 1 h. 13 soir.
N° 955.

Général division à guerre, Tours.

D'après votre dépêche télégraphique du 25

le 29 septembre, et qui est ainsi conçue : « Comme t « serait reçu dans votre département un décret qui « substituerait à l'impôt indirect sur les vins et spi- « ritueux un impôt direct territorial sur la vigne ? « Réponse sur le champ. On augmenterait en ce cas « les droits de licence afin d'alléger l'impôt territo- « rial sur le vignoble. » *Note de la rédaction.*

septembre, relative aux élections dans la mobile, et d'après votre autre dépêche du 1er octobre, prescrivant la formation de nouveaux cadres de compagnies dans l'Isère, il m'a semblé que je devais faire toutes les nominations dans ces nouvelles compagnies. Cependant M. Marion, commissaire de la défense nationale, interprète différemment vos instructions. Je vous prie de me faire connaître si les nominations dans ces nouvelles compagnies doivent être faites directement ou bien doivent être faites à l'élection.

Le chef d'état major, SEGAIN (?).

—

Grenoble, 5 octobre 1870, 2 h. 45 soir.

N° 961.

Préfet a intérieur, Tours.

Je quitte Grenoble aujourd'hui. Il m'a été impossible de trouver un successeur, même provisoire.

Envoyez d'urgence un administrateur définitif ou provisoire.

BRILLIER.

—

Grenoble, 5 octobre 1870, 2 h. 5 soir.
N° 5,980.

Maire à Laurier, Tours.

Connaissez-vous le nommé Frappat qui se recommande de vous? Lui auriez-vous offert la préfecture de l'Isère ou celle des Landes qu'il aurait refusée?

Cet homme paraît un intrigant dangereux, même un agent orléaniste ou prussien. Réponse urgente. ANTHOARD.

Vu, bon à expédier.
Par délégation du préfet de l'Isère :

DESAYES.

—

Grenoble, 7 octobre 1870, 1 h. 58 soir.
N° 991.

Préfet à Laurier, membre du gouvernement provisoire, Tours.

Répondez par télégramme chiffré à demande du maire de Grenoble d'hier. Très-urgent.

Pour le préfet,
L'administrateur provisoire : DESAYES.

—

Grenoble, 10 octobre 1870, 7 h. matin.
N° 25.

*Préfet de l'Isère à intérieur, Tours. —
Chiffrée.*

Bruit court Barral, général Strasbourg, serait envoyé Isère. Sera très-mal vu.
Pour le préfet de l'Isère,
L'administrateur provisoire : DESAYES.

———

Tours, 10 octobre 1870, 10 h. 30 matin.
N° 6,394.

Intérieur à préfet Isère, Grenoble.

Le général Barral, envoyé à Grenoble par autorité compétente, est un militaire éminent qui a droit à toutes vos plus chaudes sympathies Il résulte des rapports que sa conduite à Strasbourg pendant le siége a été au-dessus de tout éloge. A ce titre seul, il est juste et politique de l'entourer de tous les témoignages d'une considération entière. Eclairez la population à cet égard et rendez-moi compte.

———

Le général de Monet venait d'être chassé de Grenoble par l'émeute ; des protestations s'élevaient d'avance contre son successeur.
Note du Rapport.

Tours, 13 octobre 1870, 6 h. 5 soir.

Nº 5,304.

Intérieur à préfet, Grenoble.

M. Gustave Gent est nommé sous-préfet de Saint-Marcellin. Il va se rendre à son poste.

—

Grenoble, 13 octobre 1870, 7 h 15 soir.

Nº 84.

Général division à guerre, Tours.

A la date du 1er octobre M. Marion, commissaire de Défense nationale, a réclamé nomination par élection des officiers de la mobile.

Cette prétention étant contraire aux instructions reçues de guerre et prescrivant nomination directe par général, la question a été soumise au ministre par général commandant provisoirement 22ᵉ division militaire.

Le ministre a répondu 6 octobre :

« Vous devez nommer aux emplois d'offi-
« ciers des cadres nouveaux et profiter de cette
« circonstance pour replacer de bons officiers
« qui auraient été évincés par l'élection. »

Aujourd'hui, préfet de l'Isère revient sur cette question cependant vidée entièrement.

Deux nouveaux bataillons mobiles en formation à Grenoble. Il réclame encore élection des officiers.

Le travail fait, les officiers nommés, prévenus. Le désaveu de l'exécution des ordres de guerre serait du plus fâcheux effet.

Général de division, BARRAL.

—

Grenoble, 14 octobre 1870, 7 h. soir.
N° 95.

Préfet à intérieur, Tours.

Je vous informe de la démarche suivante qui a été faite aujourd'hui auprès de moi par les membres de l'administration municipale. Ces messieurs m'ont exposé que le général Barral est radicalement impopulaire à Grenoble et ils me sollicitent d'une manière très-pressante de vous faire connaître cette situation. Cette impopularité est telle, d'après leur dire, que si le général est maintenu, ils prévoient des mouvements hostiles même de la garde nationale. Les causes en seraient, soit le caractère personnel du général, soit ses attaches, dit-on étroites, avec le régime déchu, soit la position équivoque que lui fait sa capitulation de Strasbourg. On se demande quelle est sa position et si Grenoble étant assiégé, il n'adviendrait pas les plus grands malheurs pour la ville de la présence du général. Je dois me borner à vous faire connaître cette démarche, ne pouvant apprécier les griefs articulés contre le général.

Néanmoins il suffit qu'elle ait eu lieu pour que je doive la considérer comme l'indice d'une situation grave.

Qu'arrivera-t-il si, avec la meilleure volonté du monde de maintenir l'ordre, je vois mon autorité méconnue?

Dans tous les cas, ce désaccord entre l'autorité civile et militaire ne peut qu'avoir les plus fâcheux résultats.

Je vous rappelle à ce sujet la dépêche de mon prédécesseur, relative à cette nomination.

Pour le préfet, A. BRUN.

Grenoble, 15 octobre 1870, 10 h. 5 matin.

N° 101.

Général commandant division à guerre, Tours. — Cabinet du ministre.

Urgent. La dépêche qui vous a été adressée hier soir par M. le préfet de l'Isère et qu'il vient de me communiquer à l'instant, peint suffisamment la gravité de la situation qui m'est faite par des personnes qui ne me paraissent se plaire que dans le désordre et vouloir renouveler l'exécution qu'ils ont réussi à faire contre le général de Monet, mon prédécesseur, acte qui fatalement porte la désorganisation dans l'armée et ruine toute discipline.

Je vous écris par le courrier de trois heures, pour vous exposer les faits qui se sont déjà passés et ceux qui menacent d'avoir lieu ; mais l'exposé de ces faits et les conséquences qui en découlent pour porter remède à la situation ne pourront être justement appréciés que dans un entretien que je sollicite de votre bien-veillance.
 BARRAL.

--

Grenoble, 16 octobre 1870, 7 h. soir.
N° 113.

Préfet à Alphonse Gent, au ministère de l'intérieur, Tours.

Vu ce matin votre frère (1) bien portant. Votre recommandation était inutile ; son nom suffisait. Lui donne congé de trois jours qu'il me demande pour aller à Avignon.

Vous serre la main pour lui et pour moi.
 DUMAREST.

---

(1) Le frère de M. Gent venait d'être nommé sous-préfet à Saint-Marcellin (Isère).

Tours, 16 octobre 1870, 10 h. soir.
N° 5,212.

Intérieur à préfet de l'Isère, Grenoble.

Ne procédez pas à l'élection des officiers de mobiles, vous désorganiseriez les cadres. Si officiers incapables, envoyez rapport.

———

Grenoble, 17 octobre 1870. 8 h. 15 matin.
N° 5,120.

Préfet à Cazot, secrétaire général intérieur,
Tours

Je suis l'objet d'une infâme calomnie de la part des *Droits de l'homme*, de Montpellier. Je réponds à l'instant. Vous enverrai ma réponse ainsi qu'à Gambetta et Laurier.

On m'écrit de Montpellier que Guesde, rédacteur chef *Droits de l'homme*, parti Tours pour solliciter ma révocation

Gambetta aurait dit que, si arrivé un jour plus tôt, nomination pas ratifiée. Si vrai, Gambetta se livre à infâmes menteurs. Prévenez-le.   DUMAREST.

———

Grenoble, vers le 20 octobre 1870, 4 h. 15 soir.
N° 5 400.

Préfet à guerre et intérieur, Tours.

Je vous transmets par prochain courrier pièces qui vous feront juger nécessaire l'éloignement du général Barral. Maintenez-le provisoirement à Lyon où il s'est rendu sur votre ordre. Il y aurait danger à son retour.

Réponse urgente à cet égard.   DUMAREST.

—

Tours, 23 octobre 1870, 11 h. 38 soir.
N° 5,928.

Intérieur et guerre à général de division,
Grenoble.

Baillehache est accrédité pour faire service d'intendance auprès de Garibaldi, mais il faut la signature personnelle du général Garibaldi pour livrer fonds et effets d'équipement. Je vous remercie des sympathies avec lesquelles vous l'aviez accueilli. Je les reporte à Garibaldi pour lequel j'ai des raisons toutes spéciales de vous demander le concours le plus cordial; faites-le savoir autour de vous.

—

Grenoble, 30 octobre 1870, 7 h. 45 soir.
N° 5,408.

Préfet à intérieur et guerre, Tours.

Je regrette que le gouvernement n'ait pas jugé à propos d'avoir égard à ma dépêche d'il y a quelques jours, concernant le général Barral Aujourd'hui, vers quatre heures, une brusque et violente manifestation, décidée vraisemblablement par l'annonce de la trahison de Bazaine, s'est portée devant l'hôtel du général, de retour de Lyon depuis peu d'instants. Averti, je me suis rendu immédiatement à l'hôtel, où j'ai pénétré avec délégation obligée du peuple.

Tous nos efforts pour calmer l'exaspération de la foule ayant été vains et craignant de voir l'hôtel envahi, j'ai pris le parti, pour sauver le général, et de son aveu, de le déclarer prisonnier et je l'ai en effet conduit à la prison au milieu des huées, des injures et des mauvais traitements dont j'ai pris ma part.

En n'ayant aucun égard aux avis de ses fonctionnaires, le gouvernement expose leur personne et son autorité à de graves échecs.

En l'état, le changement du général est absolument indispensable et à l'instant même; s'il tardait, nous serions complètement débordés. Je l'attends par télégraphe de suite. Conseil municipal menace de donner sa démission. Paul DUMAREST.

Tours, 30 octobre 1870, 11 h. 55 soir.

N° 5.833.

Intérieur à préfet, Grenoble.

Je vous donne l'ordre formel de faire diriger immédiatement sur Tours le général Barral en protégeant sa personne.

—

Tours, 30 octobre 1870, 11 h. 55 soir.

N° 5,834.

Intérieur à préfet, Grenoble.

Impossible de vous faire réponse sur l'éloignement du général Barral, sans avoir lu vos pièces.

—

Grenoble, 31 octobre 1870, 11 h. matin.

N° 5,412.

Président société républicaine aux membres du gouvernement. Tours.

La société républicaine de la Défense nationale, fondée à Grenoble le 4 octobre 1870, adhère unanimement à la proclamation adressée à la France sur la capitulation de Metz.

Elle déclare que ses membres sont prêts à subir tous les sacrifices qu'exigera la résistance à outrance à l'invasion. Elle invite les représentants du pouvoir à ne reculer désormais devant aucune mesure révolutionnaire capable de sauver la France et la République.

Que le gouvernement de Tours s'affirme par des actes très-énergiques. De leur côté, les populations dauphinoises ne failliront pas à leur vieille réputation de patriotisme et d'indépendance.   Le président, FLANDRIN.

Vu pour transmission :

Le préfet de l'Isère, Paul DUMAREST.

———

Grenoble, 31 octobre 1870, 7 h. soir.

Nº 5,426.

Préfet a intérieur, Tours.

Ordre sinon troublé du moins menacé encore aujourd'hui. Attends que l'effervescence se calme pour exécuter vos ordres relativement général Barral. Il y va de sa sécurité.

Paul DUMAREST.

Tours, 31 octobre 1870, 8 h. 9 soir.
N° 5,775.

Justice à procureur général, Grenoble.

Renseignez-moi, je vous prie, sur le caractère et le mérite de Gagnière, avocat, qui demande une place dans la magistrature.

———

Tours, 1er novembre 1870, 2 h. 10 matin.
N° 5,262.

Intérieur à préfet, Grenoble.

Je vous avais prescrit d'envoyer ici le général Barral. Vous me dites que vous voulez le garder encore parce qu'il y va de sa sécurité. Je vous prie de me faire savoir si telle est son opinion. A cette condition ne pourrais vous le laisser. Réponse.

———

Tours, 1er novembre 1870, 9 h. 25 matin.
N° 5,288.

Guerre à général artillerie et préfet,
Grenoble.

Prévenez le général Barral de se rendre immédiatement à Tours auprès du gouvernement.

Grenoble, 1er novembre 1870, 11 h. 10 matin.
No 5,437.

Préfet à guerre et intérieur, Tours.

Je reçois vos deux dépêches relatives au général Barral Je donne en ce moment les ordres nécessaires pour le faire partir à trois heures. Je n'ai pas cru prudent de le faire partir hier, c'est d'accord avec lui que j'ai différé son départ ; je n'ai agi qu'en vue de sa protection. Le général vous dira ce que j'ai fait ; je m'en fie à son rapport pour vous montrer que j'ai fait mon devoir.   Paul DUMAREST.

—

Grenoble, 1er novembre 1870, 6 h. soir.
No 456.

Préfet à guerre et intérieur, Tours.

J'ai fait partir aujourd'hui le général Barral pour Tours à trois heures, sans encombre. La tranquillité paraît rétablie.
Paul DUMAREST.

—

Grenoble, 1er novembre 1870, 6 h. 11 soir.
No 458.

Préfet à guerre et intérieur, Tours.

Le sous-préfet de la Tour-du-Pin me signale

le capitaine de gendarmerie Martin David
comme très-impopulaire.

Il m'exprime la crainte d'un conflit. Après
ce qui s'est passé à Grenoble et dans l'intérêt
même de l'autorité militaire, je vous demande
son changement.   Paul DUMAREST.

—

Grenoble, 3 novembre 1870, 11 h. 10 matin.
N° 521.

*Société républicaine Grenoble à Gambetta,
Tours.*

Adhérez-vous à Ligue du Midi? Attendons
réponse pour y entrer.
              Le président, Pierre BOISSIER.
Vu pour transmission :
       Le préfet de l'Isère, Paul DUMAREST.

—

Grenoble, 3 novembre 1870, 11 h. 15 soir.
N° 522.

Préfet à intérieur et guerre, Tours.

Je viens de viser pour transmission une
dépêche vous demandant si adhérez à Ligue
du Midi; les délégués de cette ligue se donnent
comme autorisés par vous. Il y a longtemps
que j'ai demandé à cet égard désaveu éner-

gique du gouvernement. Envoyez-moi ce désaveu immédiatement par télégraphe; il nous donnera une force dont nous avons grand besoin et qui est sur le point de nous échapper.

Dans le même intérêt, laissez-moi, pour garde nationale de Grenoble, les 1,200 fusils rendus par bataillon de mobiles récemment armés de chassepots. Il y a quelques jours, j'ai désarmé garde nationale au-dessus de quarante ans pour armer mobilisés. Aujourd'hui absolument indispensable de réarmer pour maintenir ordre. Depuis cinq jours vivons sous la menace perpétuelle d'être enlevés. Tenons à un fil. Je compte absolument sur réponse favorable.　　　　　　　　　　　DUMAREST.

Tours, 3 novembre 1870, 3 h. 10 soir.

N° 5,485.

Intérieur à préfet, Grenoble.

Le gouvernement n'a jamais adhéré à la Ligue du Midi, parce qu'il ne peut pas reconnaître de prétendus groupes politiques qui visent à exercer le pouvoir exécutif. La proclamation que l'on dit circuler sous mon nom est apocryphe. Après les affaires de Marseille, comment avez-vous pu conserver des doutes à cet égard?

Grenoble, 4 novembre 1870, 5 h. 37 soir.
N° 544.

Préfet à intérieur et guerre, Tours.

Je n'ai jamais eu de doutes sur les dispositions du gouvernement à l'égard de Ligue du
Midi, mais il était utile que ces dispositions
fussent manifestées. Je n'ai fait que viser pour
transmission dépêche de société républicaine
sur sa demande.

J'attends réponse pour 1,200 fusils nécessaires au réarmement garde nationale Grenoble, selon ma dépêche d'hier. Ces fusils étant
rayés, je les donnerai à bataillon mobiles en
échange fusils lisses que je donnerai à la garde
nationale. Mais réarmement indispensable.
Autorisez-moi de suite.

Adresserai demain état industriel département pour fabriques d'armes.

Pour le préfet, A. Brun.

—

Grenoble, 10 novembre 1870, 8 h. 35.
N° 662

Préfet à Cazot, secrétaire général intérieur,
Tours.

Au moment où le gouvernement supprime
tous soutiens de famille, on ne s'explique pas

qu'il laisse séminaristes, prêtres, religieux et tous diseurs d'*oremus*. On se demande comment le gouvernement de la République craint de toucher à un privilége qui assimile la messe à un service public.

Je suis convaincu que le gouvernement ferait plus pour sa popularité en abrogeant cette dispense que par toute autre mesure.

DUMAREST.

—

Grenoble, 10 novembre 1870, 8 h. 37 matin.
N° 663.

Préfet à guerre, Tours.

Je continue à vous demander le changement immédiat du capitaine de gendarmerie de la Tour-du-Pin, si vous voulez qu'ordre soit maintenu (1). DUMAREST.

—

Grenoble, 11 novembre 1870, 5 h. 50 soir.
N° 5,712.

Préfet à intérieur, Tours.

Je demande au gouvernement le rappel des

---

(1) Chaque jour pendant près d'un mois, la même demande fut répétée par le télégraphe.

Note du Rapport.

soutiens de famille de la mobile ainsi que l'abrogation de la dispense pour les personnes religieuses, au moins les élèves des séminaires et membres de corporations. Demande réponse par dépêche pour nomination Marion, et si besoin le recommande de nouveau.

Paul DUMAREST.

Tours, 12 novembre 1870, 4 h 30 soir.
No 5,493.

Guerre à préfet Isère, Grenoble.

M. Martin David est désigné pour le régiment de marche de gendarmerie à pied ; il reçoit ordre de se rendre d'urgence à Bourges.

DE LOVERDO.

Tours, 12 novembre 1870, 7 h. 40.
N° 5,582.

Intérieur à préfet, Grenoble.

Membres associations religieuses dispensés par la loi du 13 juin 1851, que le gouvernement maintient. Je nomme Marion commandant supérieur des mobiles de l'Isère. Je consulte guerre pour soutiens de famille des mobiles.

Tours, 12 novembre 1870, 8 h. 55 soir.
N° 5,642

Justice à procureur général, Grenoble.

Un sauf-conduit du préfet ne peut arrêter
l'exécution d'un jugement du tribunal ; faites
exécuter la condamnation contre Sanial.

(Voir aux dépêches du 23 novembre la suite
de cette affaire.)

—

Grenoble, 19 novembre 1870, 6 h soir.
N° 5,926.

Préfet à guerre, Tours.

Depuis quelques jours bruit circule à Grenoble avec intensité croissante que siége de la
division serait transporté à Chambéry Ce serait
révolutionner Grenoble. Veuillez me mettre en
mesure de démentir au besoin.

Paul DUMAREST.

—

Grenoble, 20 novembre 1870, 5 h. 10 soir.
N° 5,942.

Préfet à guerre, Tours.

Je reçois visite de M. Crivisier, nommé par
vous général commandant les légions mobilisées du Rhône, de l'Ain et de l'Isère, le 15
courant.

Je n'ai aucun avis officiel de cette nomination. Veuillez me fixer d'urgence.

Paul DUMAREST.

—

Grenoble, 21 novembre 1870, 10 h. 40 soir.

N° 968.

Préfet à guerre, Tours.

Vous me dites qu'il n'est pas question, *quant à présent*, de changer le siége de la 22e division militaire. Cette réponse semble indiquer que le projet en est formé.

Je vous dois la vérité. Cette mesure serait désastreuse ; elle aliénerait absolument et à l'instant même Grenoble au gouvernement. Le jour où elle serait réalisée, je ne pourrais plus rien pour y faire exécuter ses ordres. L'esprit de cette ville est bon. mais susceptible, il ne faut pas le froisser. Je vous conjure de me rassurer plus complètement.

Paul DUMAREST.

—

Tours, 22 novembre 1870, 9 h. 5 soir.

N° 5.505.

Intérieur à préfet Isère, Grenoble.

Le général Crevisier a été en effet nommé général commandant les légions mobilisées de l'Isère. C'est un officier de mérite et sa nomination se rattache à un plan général dont vous serez informé probablement par lui à sa prochaine visite.

—

Tours, **23** novembre 1870, 9 h. soir
N° **5** 449.

Justice à procureur général Grenoble.

Je reçois du préfet de la Drôme la dépêche suivante :
« Sanial, manufacturier de Valence, a obte-
« nu sauf-conduit du préfet Ardèche pour
« diriger usine, après départ à l'armée de ses
« deux fils. Sanial condamné comme ban-
« queroutier simple; procureur général Gre-
« noble veut faire arrêter malgré sauf-conduit;
« Sanial était en Suisse et est revenu; pouvez
« donner ordre de surseoir jusqu'au rapport
« sur l'affaire que Malins rédige. »
Pouvez-vous attendre ?

—

Tours, 26 novembre 1870, 8 h. **25** soir.
N° 5,881.

Justice à préfets Isère, Grenoble, et Ardèche,
Privas.

Le comité des dames formé à Tours pour donner des vêtements chauds aux mobiles et francs-tireurs, n'a rien reçu de vos départements. Si vous avez réuni des vêtements, veuillez les adresser de suite à Garibaldi dont les hommes ont froid, et envoyez-en le détail à Tours.

—

Grenob'e, 26 novembre 1870, 10 h 10 matin.
N° 5,826

Préfet à Cazot, secrétaire général intérieur,
Bordeaux.

Je reçois de sous-préfet Vienne dépêche suivante relativement à Challéat.

« Challéat, puni huit jours de prison par co-
« lonel pour absence illégale, est à la maison
« d'arrêt. Mon avis est qu'il doit subir sa
« peine pour ne pas porter atteinte à l'auto-
« rité militaire. Son impunité serait d'un ef-
« fet déplorable pour la discipline; nous au-
« rions une protestation énergique dans la
« légion. J'insiste pour qu'il n'obtienne pas
« exemption définitive. Appuyez énergique-
« ment dans ce sens auprès de Cazot. »

J'avais donné ordre que Challéat ne fût pas inquiété pour son absence, mais du moment que peine prononcée, il est évident qu'elle doit être subie. Je ne puis même désapprouver qu'elle ait été portée. Pourquoi diable s'occupe-t-on de ces sortes d'affaires dans les bureaux ? Pourquoi surtout s'en occupe t on

d'une manière aussi irrégulière? Que le ministre nous donne des ordres, nous adresse des
instructions, qu'il nous impose même sa volonté sur telle ou telle affa re particulière,
rien de mieux — bien qu'en général cette dernière intervention soit fâcheuse — mais je
n'admets pas que des avis délivrés par les bureaux à des intéressés qui vont les solliciter
aient la prétention d'être obligatoires pour
nous, sans même qu'on nous les notifie.

Paul DUMAREST.

—

Tours, 27 novembre 1870, 11 h. 59 soir.
N° 5,447.

Intérieur à préfet Isère, Grenoble.

Sur votre demande je prononce la révocation de M. Vacheresse, conseiller de préfec
ture de l'Isère. Son successeur sera invité à se
rendre immédiatement à son poste (1).

—

Tours, 2 décembre 1870, 1 h. 50 soir.
N° 5,374.

Intérieur à préfet Isère, Grenoble.

Le décret suspendant et remplaçant Vache-

---

(1) Le préfet de l'Isère avait demandé, sur la foi
de celui de l'Ardèche, la révocation de M. Vacheresse. *Note du Rapport.*

resse est signé depuis quatre jours ; son successeur, M. Pissis, est en route pour Grenoble ; impossible de revenir sur ce qui a été fait conformément à vos pressantes demandes ; il est incompréhensible que vous agissiez avec si peu de réflexion et que vous demandiez, sans en avoir reconnu l'opportunité absolue, la révocation d'un fonctionnaire. Avisez vous-même à la compensation que vous pourriez offrir à M. Vacheresse. Je n'ai pour le moment aucun poste disponible.

—

Marseille, 2 décembre 1870, 9 h. 10 soir.
No 5,688.

Préfet à Leven, Justice, Tours.

Je demande à votre amitié le déplacement de M. Lavauden, procureur de la République à St-Marcellin (Isère), et, pour le remplacer, choisissez-moi un homme ferme et dévoué ; mon frère (1) a besoin urgent de cette mutation.

---

(1) Le sous-préfet de St-Marcelliu était frère du préfet de Marseille. *Note du Rapport.*

Grenoble, 3 décembre 1870, 8 h. 22 matin.

N° 435.

Préfet à intérieur, Tours.

Mon emprunt sera, selon probabilité, très-loin d'être couvert, et je prévois que je serai obligé d'en changer les conditions. Je vous prie, en vue de cette éventualité, de m'autoriser à dissoudre, si je le juge nécessaire, le Conseil général et à composer une commission départementale. La question est délicate; je m'entoure de tous les renseignements avant de prendre parti, mais je suis dès à présent à peu près fixé sur l'impossibilité de convoquer décemment le Conseil général, composé des hommes les plus compromis sous l'ancien régime.   DUMAREST.

—

Tours, 4 décembre 1870, 10 h 58 soir.

N° 5,460.

Intérieur à préfet, Grenoble.

Je vous autorise, si vous le jugez nécessaire, à dissoudre votre conseil général.

—

Tours, 5 décembre 1870, 8 h. 45 soir.
N° 5,826.

Justice à procureur général, Grenoble.

M. Gent, préfet de Marseille, m'envoie cette dépêche :
« Je demande le déplacement de M. Lavau-
« den, procureur de la République à Saint-
« Marcellin, et, pour le remplacer, choisissez
« un homme ferme et dévoué. »
Qu'en pensez-vous?

—

Grenoble, 6 décembre 1870, 1 h. 10 soir.
N° 5,410.

Procureur général à justice, Tours.

Gent, sous-préfet de Saint-Marcellin, a voulu faire poursuivre individu, pour propos tenus dans une ferme.
Mon substitut, trouvant que *publicité* fait défaut, demande mes instructions
Je réponds qu'il ne faut pas poursuivre.
Le préfet, auquel l'incident est communiqué, trouve que le parquet a raison et le fait savoir à son subordonné.
Voilà pourquoi M Gent, de Marseille, demande le déplacement d'un magistrat, dont

l'unique tort est d'avoir respecté la loi et obéi à son procureur général.

Le préfet de l'Isère écrit à son collègue des Bouches-du-Rhône et à son subordonné de Saint-Marcellin.   A Michal-Ladichère.

—

Tours, 6 décembre 1870, 8 h. 46 matin.
N° 5,912.

Intérieur à préfet, Grenoble.

J'approuve votre réserve en ce qui touche la dissolution du conseil général. Continuez à prendre des renseignements, et s'il est nécessaire de le dissoudre, je vous autorise, mais prévenez-moi à l'avance, afin que je fasse prendre un décret pour régulariser cette situation.

—

Grenoble, 6 décembre 1870, 3 h. 50 soir.
N° 5 277.

Préfet à intérieur, Tours.

Dans affaire Vacheresse, n'ai rien fait que d'après mon collègue de l'Ardèche où Vacheresse est en congé. Il m'a adressé dépêche me disant de demander révocation *sans attendre une minute,* avant même *lettre explicative de sa part*. J'ai dû croire à des motifs bien impérieux et m'en rapporter à lui. Aujourd'hui il m'envoie son secrétaire général pour faire maintenir M. Vacheresse. Il y a en effet légèreté inexplicable, mais j'espère que vous reconnaîtrez que ce n'est pas de ma part. Je ne vous ai personnellement adressé aucune demande de cette nature.   DUMAREST.

Marseille. 8 décembre 1870, 10 h. 28 soir.

Nº 5.876.

Préfet à justice pour Leven, Tours.

Mon cher Leven, vous m'avez mis en querelle avec M. Dumarest, de l'Isère, qui me fait un procès d'usurpation de fonctions parce que je vous ai demandé le déplacement d'un magistrat qui gênait l'action très-républicaine d'un sous-préfet auquel vous comprenez que je porte un très-vif intérêt. Je ne lui répondrai pas, mais cela ne m'empêche pas de persister dans les dépêches que je vous ai adressées et je regrette très-vivement d'avoir défendu à Tours M. Dumarest quand il était si vivement attaqué ; vous en ferez ce que vous voudrez.

Bordeaux, 13 décembre 1870, 7 h. 10 soir.
N° 5,691.

Intérieur à préfet, Grenoble.

Votre prédécesseur m'a proposé de remplacer la commission actuelle des hospices de Grenoble par MM. Orcel, Arnaud, Givet, Timon et Bruant, et les administrateurs du bureau de bienfaisance par MM. Barbarin, Thomas, Hugot, Brocard et de Long.

Aux termes de la législation en vigueur, il m'appartient de prononcer sur la dissolution des commissions administratives ; mais la nomination des nouveaux membres vous regarde exclusivement, et je désire, avant de statuer, avoir votre avis sur l'opportunité de la mesure proposée.

Il sera bon de vous concerter à ce sujet avec l'administration municipale.

Le secrétaire général, Jules CAZOT.

—

Grenoble, 16 décembre 1870, 4 h. 45.
N° 5,591.

Préfet à guerre, Bordeaux.

Le préfet du Rhône m'a demandé, déjà par deux fois, un état d'avancement de mes légions mobilisées, comme s'il les croyait destinées à se rendre au camp de Sathonay.

D'autre part, je reçois ce matin de la préfecture des Bouches-du-Rhône, l'affiche d'un arrêté par lequel il nomme, en vertu de ses pleins pouvoirs, l'administration supérieure du camp des Alpines, qui paraît remplacer celui du Pas-des-Lanciers, où devaient se rendre les mobilisés de l'Isère.

Enfin, je reçois dépêche datée de Marseille, de Deshorties, chef état-major armée de Lyon, directeur adjoint au ministre de la guerre, me demandant combien je pense faire partir de mobilisés immédiatement pour Lyon.

A quels ordres dois-je obéir ? Qu'est-ce que le camp des Alpines ? Qu'est-ce que l'armée de Lyon ? Qu'est-ce que M. Deshorties ?

DUMAREST.

Bordeaux, 16 décembre 1870, 5 h. 15 soir.
N° 5,469.

Intérieur à préfet, Grenoble.

Mon télégramme du 13 est applicable aux commissions administratives des établissements de bienfaisance de Vienne et non à celles de Grenoble. Par arrêté de ce jour, dont vous recevrez ampliation, j'ai prononcé la dissolution de ces commissions.

Je vous prie, en conséquence, de remplacer les administrateurs actuels des hospices par MM. Orcel, docteur-médecin ; Arnaud, avocat ; Gonet, ingénieur ; Timon, imprimeur ; et Bruant, et les administrateurs actuels du bureau de bienfaisance par MM. Barberin, négociant ; Thomas, greffier ; Huguot, pharmacien ; Brocard, fabricant, et de Long, métallurgiste. Vous voudrez bien m'adresser copie de vos arrêtés.

Le secrétaire général, Jules CAZOT.

Grenoble, 18 décembre 1870, 8 h. 25 matin.

N° 5,639.

Préfet à Cazot, secrétaire général intérieur, Bordeaux.

Il y a un poste de conseiller vacant à la cour de Grenoble. Il est demandé par M. Anterrieu, avocat, gérant de la *Liberté de l'Hérault*. Je vous serai reconnaissant de le lui faire obtenir si vous pouvez. C'est un très-honnête garçon, très-dévoué à la République, exilé après le coup d'Etat.

Paul DUMAREST.

Grenoble, 20 décembre 1870, 11 h. 45 matin.
N° 712.

Préfet à Laurier, directeur intérieur, Bordeaux.

Je vise pour transmission une dépêche adressée à vous par un nommé Lemesle, arrivé ici il y a quelque temps et que j'ai fait incorporer dans la mobilisée (1).

Cet individu prétend être l'ami de Gambetta qui lui aurait promis d'utiliser ses services. Il a entre les mains une lettre quelconque, au moyen de laquelle un secrétaire l'a éconduit poliment. C'est un simple intrigant qui cherche à se soustraire à mobilisée.   DUMAREST.

— .

Grenoble, 21 décembre 1870, 6 h. 30 soir.
N° 748.

Préfet à Cazot, secrétaire général intérieur, Bordeaux.

Je suis averti sérieusement qu'il se trame un complot contre moi à Bordeaux et je suis porté à le croire. Il y a ici certains qui auraient voulu être préfets sous mon nom, d'autres qui me demandaient des faveurs et à qui je les ai refusées. Il paraît que tous ces mécontente-

---

(1) Ce Lemesle a joué un rôle actif dans les clubs de Grenoble à cette époque.   ***Note du Rapport.***

ments auraient à Bordeaux un organe qui s'y ferait écouter, car il m'est assuré qu'on s'y occupe beaucoup de la préfecture de l'Isère et que ses actes y sont appréciés avec sévérité. Je ne puis le croire ; dans tous les cas, je voudrais bien savoir ce qu'on peut me reprocher; la seule chose que je demande au ministre, c'est de me le faire savoir. Je défie qu'on élève contre moi une accusation, un grief ayant l'ombre d'un fondement.

Permettez que je compte sur votre amitié pour me renseigner sur cette trame, si réellement elle existe. Je vous serai reconnaissant de me répondre, ainsi que sur l'incident Brillier.　　　　　　　　　　DUMAREST.

—

Grenoble, **22** décembre **1870, 12** h. 10 soir.
N° **758.**

Préfet à travaux publics, Bordeaux.

Le conseil général de l'Isère n'a pas été dissous, mais l'emprunt de mon département pour la Défense nationale a été autorisé sans l'avis préalable de cette assemblée et ses membres ont pour la plupart mis tout en œuvre pour entraver sa réalisation. Si une commission prise dans son sein était appelée à former maintenant la nouvelle liste du jury d'expropriation, on donnerait en quelque sorte autorité aux critiques du conseil sur la prétendue illégalité de l'emprunt. Dans cet état de choses, je vous demande l'autorisation de procéder dans le sens de l'article 2 du décret du 5 de ce mois, qui m'est parvenu seulement hier 21.   DUMAREST.

Grenoble, 8 janvier 1871, 8 h. 30 matin.
N° 7,175.

Préfet à Gambetta, Bordeaux.

Vous m'annoncez que 9,000 mobilisés de l'Isère ont reçu l'ordre de se rendre à Dijon. Ces légions devront-elles partir sans les armes perfectionnées qui leur avaient été promises et sur lesquelles elles comptent. Notamment 2,500 springfields, envoi de Brest, m'avaient été annoncés il y a près de trois semaines pour la 1re légion; les cartouches seules sont arrivées, les armes ne sont point venues. Du moins puis-je annoncer aux légions qu'elles recevront des armes en route? Vous pouvez compter sur toute mon énergie et sur tout mon dévouement, mais je ne puis répondre qu'un vif mécontentement n'éclate parmi les légions à la nouvelle qu'elles doivent partir avec les armes qu'elles possèdent actuellement, alors surtout qu'elles savent que les mobilisés d'autres départements ont reçu des armes perfectionnées. Réponse d'urgence.

DUMAREST.

Bordeaux, 9 janvier 1871, 9 h. soir.
N° 7,216.

Justice à procureur général, Grenoble.

Je vois parmi les membres de commissions mixtes M. Vincendon, conseiller à Grenoble, M. Gentil, conseiller à Grenoble.

Veuillez les inviter à vous fournir dans la huitaine toutes les explications qu'ils croiront utiles pour expliquer l'acceptation de cette fonction.

Le chef du cabinet, Leven.

(Une série de dépêches analogues étaient envoyées vers la même date aux différents procureurs généraux).

—

Bordeaux, 12 janvier 1871, 10 h. 35 soir.
N° 7,695.

*Justice à procureur de la République,
Vienne.*

Vous resterez à Vienne, mais Belat ne sera pas replacé. Il se rend impossible partout. Je ne cède pas à des protestations publiques.

Pour expédition :
Le secrétaire particulier, Cartier.

—

Grenoble, 13 janvier 1871, 6 h. 40 soir.
N° 7 448.

Préfet à Cazot, secrétaire général intérieur, Bordeaux.

On m'adresse de vos bureaux (je suppose) des dépêches à cheval au sujet de mon emprunt départemental. Je suis très-disposé à me taire sans murmurer s'il n'y a pas mieux à faire et si nous en sommes encore là. Mais s'il m'est permis de discuter l'avis du rédacteur des dépêches en question, je me fais fort de prouver que j'ai raison et qu'on me ferme la bouche, mais qu'on ne me répond pas. Un mot de réponse s'il vous plaît. Mille amitiés.

Paul DUMAREST.

—

Grenoble, 14 janvier 1871, 5 h. 25 soir.
N° 7,470.

Préfet à Jules Cazot, secrétaire général intérieur, Bordeaux.

Si c'est vous qui m'ordonnez, à la bonne heure, et il n'est pas possible d'ailleurs d'ordonner plus amicalement que vous ne le faites aujourd'hui. Mais avec vous je suis à l'aise, et vous me permettrez sans doute d'essayer de vous montrer que vous vous trompez.

Je vous écrirai par courrier au sujet de votre dernière à cheval. Simple satisfaction d'avocat si vous voulez. Du reste, il est bien entendu que le préfet obéissant se soumet comme il s'est toujours soumis et répète avec Pandore : Brigadier, vous avez raison. Je vous serre la main.   DUMAREST.

Grenoble, 17 janvier 1871, 11 h. 35 matin.
N° 7,553.

Préfet à intérieur, Bordeaux.

Par votre dépêche du 10 janvier, vous me disiez : *Vos mobilisés recevront à Dijon* 8,000 *springfields.* Or, les légions en voie de départ sont au nombre de 5 sur 6 et forment un effectif d'environ 10,000 hommes. Le général de division a signalé à la guerre cette insuffisance. Il lui est répondu à la date d'aujourd'hui que la guerre a délivré tous les springfields à sa disposition et ne peut, pour le moment, rien délivrer au delà des 8,000. D'autre part, le capitaine Salle, envoyé à Brest pour chercher ces armes, télégraphie au général qu'il a trouvé les 8,000 springfields prêts ; qu'en outre, il y a en rade de Brest un navire chargé de springfields non encore débarqués.

Je vous prie avec instance de donner ordre que les 10,000 fusils nécessaires soient complétés sur ce chargement. Il est impossible que tous mes mobilisés ne reçoivent pas des springfields; sur la foi de votre dépêche du 10, je leur ai formellement promis ces armes.

Votre dépêche, en effet, bien qu'elle ne parlât que de 8,000, devait évidemment s'appliquer à tous les mobilisés. Dans le cas où vous ne pourriez pas immédiatement fournir le complément nécessaire de 2,000, m'autorisez vous à ne faire partir que quatre légions?

Dumarest.

—

Bordeaux, 17 janvier 1871, 12 h. 25 soir.
N° 7,89J.

Justice à procureur général, Grenoble.

Veuillez, si vous n'y voyez pas d'inconvénient, proposer à M. le conseiller Vincendon, pour prévenir une mesure gouvernementale, de demander sa mise à la retraite, s'il y a droit, sinon de donner sa démission.

Le chef du cabinet, Leven.

—

Bordeaux, 18 janvier 1871, 2 h. 40 soir.
N° 7,409.

Intérieur à préfet, Grenoble.

Je vous ai donné six fois, au sujet de votre emprunt, un ordre formel; six fois vous avez reproduit les mêmes objections, et finalement vous répondez par un langage peu digne à mes injonctions réitérées. Je restitue désormais à cette affaire son caractère purement officiel et je vous invite, sous votre responsabilité, à préparer d'urgence la réunion de votre commission départementale.

Le secrétaire général, Jules CAZOT.

—

Bordeaux, 19 janvier 1871, 6 h. 10 soir.
No 7,105.

Délégation du gouvernement à préfet de l'Isère, Grenoble.

Chiffrée. — Ne venez pas, cher ami. Il n'y a eu et il ne peut y avoir aucun malentendu entre nous. Dans ma réponse télégraphique, l'ami a dû laisser parler le fonctionnaire, mais je n'ai jamais douté de vos bonnes intentions et je puis toujours compter sur votre amitié comme vous sur la mienne. Delord vous écrit.

Jules CAZOT.

—

Bordeaux, 20 janvier 1871, 3 h. 30 soir.
No 7,440.

Instruction publique à recteur, Grenoble.

Le droit de M. Naquet à reprendre immédiatement son cours à Grenoble est reconnu par le gouvernement.

M. Boistel aura ces jours-ci une autre fonction à la même faculté; vous serez avisé par télégraphe.

Vous pouvez télégraphier à M. Naquet qu'il peut rentrer tout de suite à Grenoble.

A. SILVY.

—

Grenoble, 20 janvier 1871, 5 h. 45 soir.
N° 7,677.

Commandant supérieur à général Haca, guerre, Bordeaux.

On me télégraphie que les légions de l'Isère sont incorporées au fur et à mesure de leur arrivée dans les brigades de l'armée des Vosges. Quelle sera donc ma situation à mon arrivée à Dijon, dans quelques jours, avec la dernière légion? Réponse urgente.

Le commandant supérieur de la brigade mobilisée de l'Isère, MARION.

—

Grenoble, 31 janvier 1871, 9 h. 50.
N° 724.

Préfet à intérieur, Bordeaux.

L'interdiction aux préfets et secrétaires généraux d'être candidats dans leurs départements est-elle maintenue? Si elle est maintenue, dans quel délai démission doit-elle être donnée ; pour mon compte, je reste à mon

poste, je n'ai plus à organiser que l'artillerie.
J'espère qu'elle sera prête en grande partie à
l'expiration de l'armistice.

Paul DUMAREST.

—

Bordeaux, 2 février 1871, 5 h. 20 soir.
N° 7,562.

Intérieur à préfet, Isère, Grenoble.

Votre demande en faveur du général Vinoy
a lieu de m'étonner. Il n'y a pas d'exception
au décret sur l'inéligibilité des anciens fonctionnaires de l'Empire.

Le directeur-adjoint, G. MAZURE.

—

Grenoble, 2 février 1871, 8 h. soir.
N° 7,107.

Préfet à intérieur, Bordeaux.

Je me suis borné à appeler votre attention
sur la situation du général Vinoy, à raison de
son rôle militaire et parce que le général Vinoy
m'a été dernièrement désigné par tous les
maires de son canton comme candidat à la
commission départementale de l'Isère, dont il
était précédemment conseiller général. C'était
le seul ancien conseiller général que je vous
eusse proposé. Je n'ai absolument aucune rai-

son d'insister. Veuillez seulement considérer ma proposition, en ce qui le concerne parmi les candidats à la commission départementale, comme non avenue. Si ces propositions doivent avoir une suite, je vous en adresserai une autre pour son canton. Paul DUMAREST.

—

Bordeaux, 5 février 1871, 12 h. 20 soir.
N° 7,747.

Justice à procureurs généraux, Aix, Agen, Amiens, Alger, Bourges, Besançon, Bastia, Caen, Chambéry, Dijon, Douai, Havre, Rennes, Riom, Montpellier, Nîmes, Pau, Toulouse, Limoges, Lyon, Grenoble, Poitiers, Metz, Orléans, Nancy, Paris.

Vous connaissez le décret du gouvernement qui déclare l'inéligibilité des sénateurs, conseillers d'Etat, préfets et candidats officiels de l'ancien régime. Veuillez donner à vos substituts des instructions immédiates pour assurer l'exécution de ce décret.

Vous aurez en conséquence à empêcher la distribution et l'affichage de toute espèce d'écrits relatifs aux candidatures des personnes déclarées inéligibles.

Le chef du cabinet, LEVEN.

—

Grenoble, 5 février 1871, 6 h. 50 soir.
N° 7,192.

Préfet à Jules Cazot, secrétaire général intérieur, Bordeaux.

On me remet affiches d'une liste de candidats portant en tête le nom du général Vinoy.

En présence du voyage annoncé d'un membre de la délégation à Paris, pour régler, de concert avec les autres membres du gouvernement, la question des incompatibilités, dois-je donner suite à vos instructions concernant la saisie des affiches et bulletins?

Mon avis personnel, que je crois de mon devoir de vous donner, est que ces mesures produiront, dans le cas particulier, un effet fâcheux et iront peut-être contre le but proposé.

De plus, elles seront d'une exécution très-difficile, pour ne pas dire illusoire. Néanmoins j'attends vos ordres, auxquels je me conformerai.   DUMAREST.

—

Grenoble, 6 février 1871, 2 h. 25 soir.
N° 7,207.

Préfet à Jules Cazot, secrétaire général intérieur, Bordeaux.

Vous semblez vous méprendre sur ma pensée, relativement au général Vinoy. J'ai adressé aux maires des instructions au sujet de l'invalidité des bulletins concernant les individus atteints par le décret et notamment le général Vinoy.

J'ai seulement appelé votre attention sur la difficulté et peut-être l'inutilité d'appliquer vos instructions relatives à la saisie des affiches et bulletins. L'intérêt seul de la République, dans cette circonstance comme dans toutes, a dicté les observations que j'ai cru devoir vous soumettre ; les observations faites, je n'ai d'autre devoir que d'exécuter vos ordres.   DUMAREST.

—

Grenoble, 6 février 1871, 9 h.
N° 7,195.

Procureur général à justice, Bordeaux.

On affiche à l'instant une liste pour députés de l'Isère, portant le nom du général Vinoy, originaire de l'Isère. Poursuites feraient effet déplorable. Il serait difficile de saisir les bulletins dans toutes les communes. Que faut-il faire ?   RONJAT.

—

Bordeaux, 6 février 1871, 10 h. 40 soir.
N° 7,993.

Intérieur à préfet, Grenoble.

Le général Vinoy, ancien sénateur de l'Empire, tombe sous le coup du décret d'inéligibilité. Je regrette d'avoir à vous le rappeler pour la seconde fois.   MAZURE.